이순재 제2시집

축 제

문예출판

인사말

　두 번째 시집을 펴내며, 문학의 길이 제게는 진정한 축제와 같다는 깊은 깨달음을 얻었습니다. 이 길에 이르기까지 수많은 날들을 새벽을 밝히는 파수꾼처럼 지내왔습니다. 때로는 홀로 묻고 답하며 달려온 시간들이었지만, 결코 헛되지 않았음을 이제야 비로소 느낍니다.
　제 안에 드리워졌던 검은 장막이 시를 통해 걷히고, 흩어졌던 마음 또한 하나로 모을 수 있는 소중한 계기가 된 듯합니다. 언젠가부터 시에 삶의 의미를 부여하며, 모든 이에게 진심 어린 연서를 보내는 삶이 되기를 소망하고 있습니다.
　오늘 이 시집이 세상의 빛을 보기까지 물심양면으로 이끌어 주신 김기진 대표님께 진심으로 감사드립니다.
　또한, 늘 저의 든든한 버팀목이 되어주는 사랑하는 우리 가족들, 특히 할머니와 함께 문학의 길을 걸어주는 자랑스러운 손녀 세영이에게 깊이 고맙습니다. 그리고 밝고 예쁘게 잘 자라주는 다율, 세아, 윤우, 유나에게도 고마움과 행복을 전합니다.
　"마지막으로, 이 시집을 펼쳐주실 모든 독자분들께도 진심으로 감사드립니다. 시를 통해 여러분의 삶에도 따뜻한 위로와 기쁨이 스며들기를 바라며, 작은 울림으로 오래도록 함께하길 소망합니다."

이순재 올림

『축제』 출간을 진심으로 축하드립니다.

 첫 시집 『어쩌면 좋아』로 세상에 첫 숨결을 내보내던 그날의 설렘이 아직도 선명합니다. 그 씨앗은 세월의 햇살과 바람, 비와 눈을 견디며 한층 깊고 넓은 세계로 자라, 이제 단단한 열매로 무르익어 두 번째 결실을 이루었습니다.
 이순제 시인의 언어에는 삶을 꿰뚫는 눈과 사람을 품는 따뜻한 가슴이 함께 있습니다. 그 시어는 단순한 기록이 아니라 독자의 마음에 오래 머무는 등불이 되어, 위로와 용기를 전하며 삶을 밝혀 줍니다. 한 줄 한 줄이 진실의 울림으로 다가와 읽는 이의 가슴에 오래 남습니다.
 이번 시집 『축제』는 제목처럼 삶과 문학이 어우러진 장대한 잔치입니다. 그 안에는 기쁨과 눈물, 환희와 고독이 함께 숨 쉬며, 독자를 깊은 사유와 감동의 자리로 이끕니다. 시인의 오랜 정성과 진실한 자세가 빚어낸 이번 결실은 한국 문학의 들판을 더욱 풍요롭게 하는 귀한 보석이라 할 만합니다.
 다시 한 번 『축제』의 출간을 축하드리며, 이 아름다운 축제가 앞으로도 계속 이어져 더 넓은 문학의 세계로 퍼져 나가길 진심으로 기원합니다.

시가흐르는서울 심사위원장 **김종상** 시인

가족의 소중함

가족의 소중함 5

문학 활동

문학 활동 7

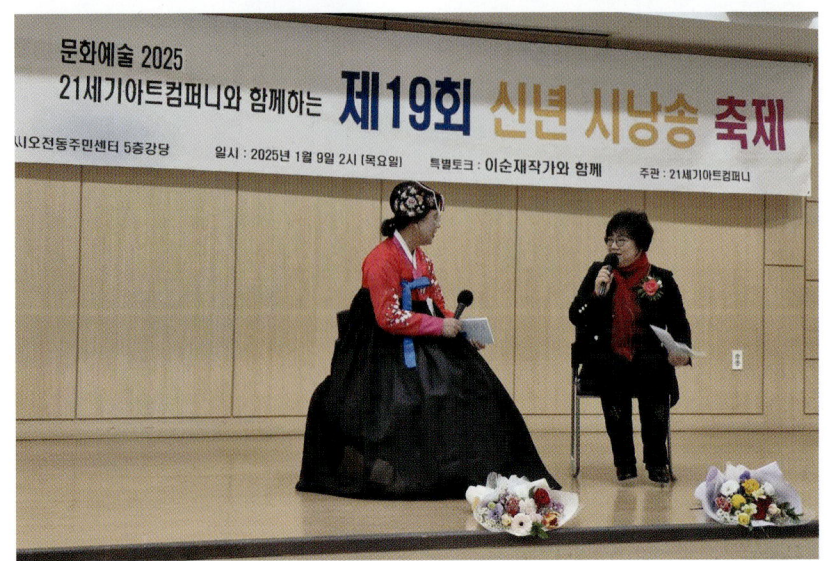

문학 활동 9

시의 정원

카네기 시낭송 콘서트 발대식 아람누리 극장

아람누리

세종대왕릉

카네기 공연 17

뉴욕 카네기홀 시낭송 콘서트

LA 시낭송 콘서트

키르키스스탄 시낭송 콘서트

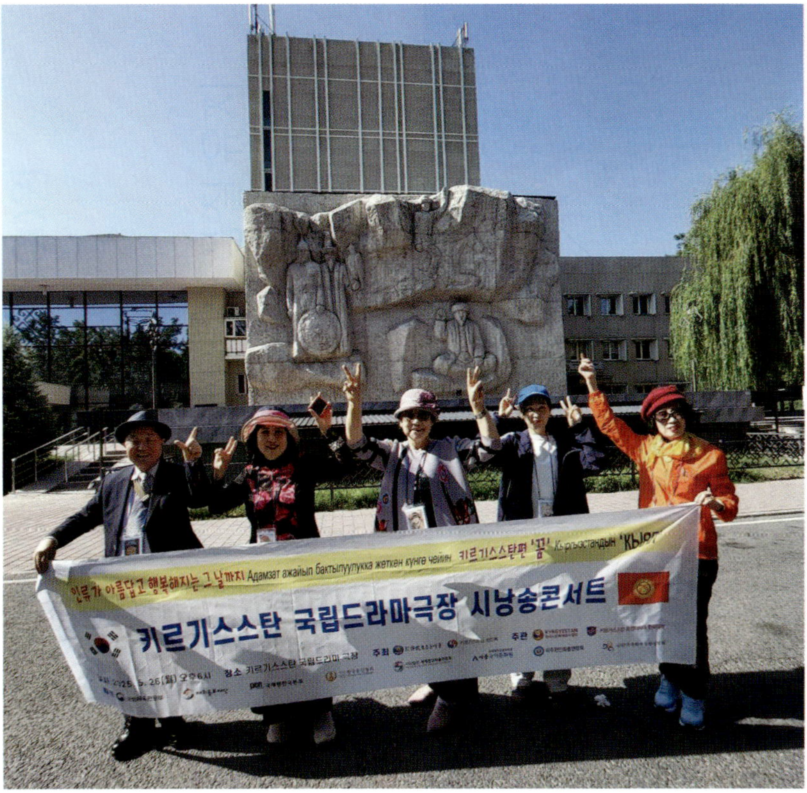
인류가 아름답고 행복해지는 그 날까지 Адамзат ажайып бактылуулукка жеткен күнгө чейин 키르기스스탄편 '꿈'
키르기스스탄 국립드라마극장 시낭송콘서트
주최
주관
장소 키르기스스탄 국립드라마극장

키르기스스탄 국립드라마극장 시낭송

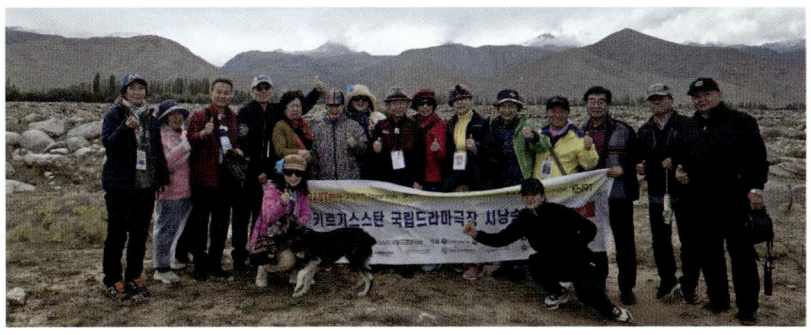

키르키스스탄

민족정신계승 나의주장 문화대전

민족정신계승 나의주장 문화대전

차례

인사말 ···2

『축제』 출간을 진심으로 축하드립니다. / 김종상 고문 ·······················3

영상
가족의 소중함 ··4
문학 활동 ··6
시의 정원 ··10
뉴욕 카네기 시낭송 콘서트 발대식 아람누리 극장 ·······························14
아람누리 ··15
세종대왕릉 ··16
뉴욕 카네기홀 시낭송 콘서트 ··18
LA 시낭송 콘서트 ··20
키르키스스탄 시낭송 콘서트 ··22
민족정신계승 나의주장 문화대전 ··26

1부. 삶의 시작과 환희

축제 / 일주 이순재 ···38
내려놓을 수 없는 것은 / 일주 이순재 ····················39
행복과 고뇌 / 일주 이순재 ·····································40
내 친구 나 / 일주 이순재 ·······································41
구별과 차별은 / 일주 이순재 ··································42
도구 / 일주 이순재 ···43
삶을 빛나게 하는 것은 / 일주 이순재 ····················44
퍼즐 / 일주 이순재 ···46
앉은 자리 / 일주 이순재 ···47
물속에 빠진 달 / 일주 이순재 ································48
붉은 눈물 / 일주 이순재 ···49
새삼스럽게 / 일주 이순재 ·······································50
밤의 시 / 일주 이순재 ··51
금메달 / 일주 이순재 ··52
고통에는 다 이유가 있다 / 일주 이순재 ················53

2부. 시간의 흐름과 자연의 속삭임

엄마의 옛노래 / 일주 이순재 ···56
새색시 민들레 / 일주 이순재 ···57
봄의 향연 / 일주 이순재 ···58
어디서 왔을까 / 일주 이순재 ···60
오로라 / 일주 이순재 ···62
그리운 발자취 / 일주 이순재 ···64
선녀바위의 노을 / 일주 이순재 ··66
가을밤은 혼자 울고 있다 / 일주 이순재 ···································68
겨울이 오는 곳 / 일주 이순재 ··69
소낙비 내리는 날 / 일주 이순재 ···70
솟대 오신 날 / 일주 이순재 ···72
나이는 숫자 / 일주 이순재 ··74
능소화 / 일주 이순재 ···76
비내리는 오후 / 일주 이순재 ···77
보물 1호 / 일주 이순재 ··78

3부. 삶의 고뇌와 성찰

어쩌면 좋아 / 일주 이순재 ·· 82
동그라미의 멜로디 / 일주 이순재 ································· 83
아버지 / 일주 이순재 ··· 84
웨딩마치의 선율 / 일주 이순재 ······································ 86
귀빠진 날 / 일주 이순재 ··· 87
원圓동력 / 일주 이순재 ·· 88
동그라미 있는 곳 / 일주 이순재 ···································· 90
바다가 잠들 거들랑 / 일주 이순재 ································ 92
아버지의 여섯 개 탑 / 일주 이순재 ······························ 93
도 레 미 파 솔 / 일주 이순재 ······································· 96
소망 / 일주 이순재 ··· 98
인생길 / 일주 이순재 ··· 99
웃음 파티 / 일주 이순재 ··· 100
너와 나 사이 / 일주 이순재 ··· 101

4부. 공동체와 민족의 얼

우리의 서울 / 일주 이순재 ···104
아스팔트 위의 교향곡 / 일주 이순재 ······································106
이과수 폭포수 같은 사람들 / 일주 이순재 ·······························108
텃밭의 사랑 / 일주 이순재 ··110
다정함이 힘 / 일주 이순재 ··111
고향 할미들의 전령사 / 일주 이순재 ······································112
카네기 공연 나팔 소리 / 일주 이 순재 ···································114
문학별이 되어 오소서 / 일주 이순재 ······································116
서울 남산 / 일주 이순재 ···118
늘 원팀 / 일주 이순재 ··120
따봉 / 일주 이순재 ···121
삼월의 노례 / 일주 이순재 ··122
무궁화 / 일주 이순재 ··124
월간문학 시가흐르는서울 표지화 임세영 −수원 곡정 초등학생− ·······126
민족정신계승 나의주장 문화대전 ··127

5부 손녀 임세영

월간문학 시가흐르는서울 표지화 임세영 −수원 곡정 초등학생 ──116
가을 이야기 …………………………………………130
가을 인사………………………………………… 131
겨울잠…………………………………………132
광복절…………………………………………133
금메달…………………………………………134
나만……………………………………………135
나와 동생 사이………………………………… 136
동백나무………………………………………127
말도 안되지 …………………………………138
맛있는 그림자…………………………………… 139
뽀시……………………………………………140
사랑의 맛………………………………………141
숲속 음악회…………………………………… 142
시험 시간………………………………………143
우리 모리………………………………………144
우정……………………………………………145
책읽기…………………………………………146
추억 가방………………………………………147
필통 여관………………………………………148
허수아비………………………………………149

축하글

축하 합니다 / 김기진 ···151
이순재 시인의 시집 『축제』 축하 / 김중위 ·································152
표현력의 독창성 / 박가을 ··153
시와 동행하는 고상한 인생길 / 석희구 ·······································154
친애하는 이순재 시인님 / 양준호 ··155
『축제』 출간을 마음 깊이 축하드립니다 / 소백 김영숙 ············156
『축제』 평론— 이순재 제2 시집에 부쳐 ·······································157

『축제』 평론

이순재 제2시집에 부쳐 시가흐르는서울 대표 김기진 ·······································157

1부. 삶의 시작과 환희

차례

축제 / 일주 이순재 ···38
내려놓을 수 없는 것은 / 일주 이순재 ·····················39
행복과 고뇌 / 일주 이순재 ·····································40
내 친구 나 / 일주 이순재 ······································41
구별과 차별은 / 일주 이순재 ·································42
도구 / 일주 이순재 ··43
삶을 빛나게 하는 것은 / 일주 이순재 ····················44
퍼즐 / 일주 이순재 ··46
앉은 자리 / 일주 이순재 ·······································47
물속에 빠진 달 / 일주 이순재 ·······························48
붉은 눈물 / 일주 이순재 ·······································49
새삼스럽게 / 일주 이순재 ······································50
밤의 시 / 일주 이순재 ··51
금메달 / 일주 이순재 ··52
고통에는 다 이유가 있다 / 일주 이순재 ················53

축제 / 일주 이순재

가자
가자
축제 마당으로

박수 소리
얼싸안은
그곳

내 보금자리
예술 무대로

내려놓을 수 없는 것은 / 일주 이순재

그가 보고플 때
저 멀리 바라보는 망원경

동공을 확장해 봐도
그대는 어디 갔나

기억은 계속 눈을 뜬다
어제가 오늘
오늘은 내일
망원경 거울은
끊임없이 탐사하니

어찌
그대
붙잡지 않을 수 있으랴

행복과 고뇌 / 일주 이순재

그 무엇 하나 그려져 있지 않은
백지 위의 백지
하얀 마음 동그라미뿐

시계태엽 돌리면 찾아드는
돌
멍
가족

초연한 자태로　담는다

아픔도 행복의 숙소
혈액이 흐를 때마다
함께하는 세포들은
제자리 찾기 바빠진다

행복과 괴로움은
원천부터 없는 것

하얀 백지만의 결사체
그 무엇도 없는
투명하고 하얀 마음뿐

내 친구 나 / 일주 이순재

뿌리가 굵어지고
잎이 무성해 지며
거대한 에너지가
솟아나는구나

행여
화살표 잘못 그려
소풍길 끝난다 해도

함께 할 수 있는
내 친구 나

사랑해요
사랑합니다

구별과 차별은 / 일주 이순재

달과 별
풋고추와 익은 고추
구별인가 차별인가

흰쌀밥과 흰떡
숟가락 젓가락
누가 새색시 새신랑이더냐

부모님 제상 위에
올라앉은 고깃덩이 크기

구별인가 차별인가
버겁게 살아가는
삶의 여정
땅속 흙더미 속 미물들
모두가 내 친구

상추 고추 심어놓고
되돌리는 발걸음
붙잡아 주니
고맙네

도구 / 일주 이순재

세월의 흐름 속에
수많은 도구가 태어났다

인간사는 세상
편한 삶을 위해
숱한 고뇌와 여정을 지나
만들어진 이것저것들

모양도 색깔도 제각각
존중받을 시기에 태어났건만
삶은 여전히 버겁다

오늘도 부초 같은 마음 붙잡고
어두컴컴한 동굴에서라도
잠시 쉬고 싶은
수많은 도구들

삶을 빛나게 하는 것은 / 일주 이순재

가슴에 별을 품었다
바윗덩이에 눌려
응어리로 뭉쳐진 얼룩진 가슴

공중으로 솟아
불꽃놀이처럼 터진다

무엇 하나 나열 못했던
우리 집 박물관 진열대에
씨앗 몇 톨 심어준 손주들

핏줄 이어주는
시험지 한 장
혀 꼬부라진
알파벳 한두 마디

대서양을 헤엄쳐
비행기 날개에 올라
세상을 순회한다

이젠 쇳덩이로
하늘에 집을 짓는 것도

달나라 우주 공간도
궁금하지 않다

꿈나무들과 함께
탐험길에 올라앉았으니까

퍼즐 / 일주 이순재

내 자리 어디지
여기저기 찾아봐도
못 찾던 자리

아래쪽 모퉁이
그 자리에 있었구나
찾았다

조각난 내 인생
한 조각 퍼즐

앉은 자리 / 일주 이순재

장례식장 안의 별은 떨어졌지만
쓸쓸히 봄은 오누나
온누리에 서신 띄우니
푸른 가지마다 꽃을 피워
그 향내 향기 머금으니
어찌 꽃길 아니런가

당신의 눈망울과 한마음 되어
기둥 높이 세우고
이 땅에 뿌린 씨앗
열매 익어 가는데

언제 두고 갈지 모를
이 모든 것
세상살이 이러쿵저러쿵
밀쳐 두어 봐도

온 천지에 물은 흘러가고
구름도 흘러 오가고
꽃도 피어나니 새들도 노래 부르니

살아 있구나
어디론가 오가고 있는 거구나
이젠 알았네
앉은 자리
영원한 내 자리

물속에 빠진 달 / 일주 이순재

가슴 속에 사리고 있는 아픈 상처
한 방울 물방울로 뿌리내려

산하를 꽃피게 하고
그 향내음 전달하려던
달빛 물속에 빠졌건만

헤엄 칠 생각 없네

붉은 눈물 / 일주 이순재

동그라미에 점 살짝 찍었는데
우주는 번개처럼 돌아가고

이를 지켜본 기죽은 손풍로의 붉은 눈물에
함께 울어 주는 뜨거운 우정

새삼스럽게 / 일주 이순재

텃밭에서 상추를 똑딱똑딱 따면서
죄송한 마음, 왜일까
감사한 마음은 어디 가고
손과 눈은 땅속으로 파묻힌다

아직 노을도 저만치서 지켜보고 있는데
모가지를 비틀고 이파리 한 잎 남김없이
꺾어 담은 상추 한 소쿠리
흔들고 비틀어 물고문으로 실신시켜
보이지 않는 긴 터널로 몰아넣고 말았다

이것이 사랑의 표현인가
놓아두는 사랑보다사랑에
품속에서 질겅거리는 울분 쏟을 텐데
둘이 하나 되는 숙명의 길인가
아님 한 몸이 되고픈 에로스 사랑법인가

상념에 젖어본다
새삼스럽게

밤의 시 / 일주 이순재

그대여
너는 밤도둑
만나고 싶지 않아
암막 커튼 가림막
자물쇠 빗장 채웠는데

살금살금
시너 따라오지 말랬잖아
슬리퍼 뒤꿈치에 숨어
주방까지
솜 뭉치 두툼한 연장으로 대응했는데

그래도 베개 모서리에 낼름
나 좋아
너 좋아
그래

따끈한 우유 한 잔씩
아침햇살 웃고 있다

금메달 / 일주 이순재

길섶 자그마한 텃밭 하나 샀어요
이리 굴리고 저리 굴리며 돼지 저금통 깨 떨어
썩은 감자로 우려내 배 불리고
바가지 박박 긁어 샀지요

목에 걸어야만 금메달인가
땅속에 돌들도 갈고 닦으니 금메달이 되고
쓰레기 더미 속에서도
꽃을 피우더이다

잠시 쉬었다 가겠소
당신들의 칭찬과 응원 속에 박수 소리 얼싸안고
금빛 위에 앉습니다

고통에는 다 이유가 있다 / 일주 이순재

우주는 눈을 감고 있지 않다
둥근 마음
네모 마음
모두가 싹 틔우는 씨앗
무르익어 열매 거둬들일 시기 언제일까
웃고 있는 꽃송이 속에도 눈물은 있다
눈물 속 별 유난스레 빛을 발하듯
고통은 더욱 우주 가까이에 맴돈다.
기울기에 능숙한 우주는
물 위에 떠 있는 부초 씻어 내지만
얼룩진 마음
어느 곳에서 머물까
어디에다 집을 지을까

2부. 시간의 흐름과 자연의 속삭임

2부 차례

엄마의 옛노래 / 일주 이순재 ·················56
새색시 민들레 / 일주 이순재 ·················57
봄의 향연 / 일주 이순재 ·················58
어디서 왔을까 / 일주 이순재 ·················60
오로라 / 일주 이순재 ·················62
그리운 발자취 / 일주 이순재 ·················64
선녀바위의 노을 / 일주 이순재 ·················66
가을밤은 혼자 울고 있다 / 일주 이순재 ·················68
겨울이 오는 곳 / 일주 이순재 ·················69
소낙비 내리는 날 / 일주 이순재 ·················70
솟대 오신 날 / 일주 이순재 ·················72
나이는 숫자 / 일주 이순재 ·················74
능소화 / 일주 이순재 ·················76
비내리는 오후 / 일주 이순재 ·················77
보물 1호 / 일주 이순재 ·················78

엄마의 옛노래 / 일주 이순재

천상에 계신 엄마만의 노래
가슴 시린 노래
엄마가 그리워 이 밤
옛날을 흥얼거린다

당신은 은낙 새 둥둥
그 뒤에는 꾀꼬리 둥둥
잘난 너는 앙기 속에서
앙기 당기 춤추세
앙기 당기 다라 다라 내 사랑아

가락 맞출 생각조차 없이
긴 밭고랑을 돌고 돌며
노랫가락 캐어내고
가난도 묻으셨다

지금은 어디에서도
들려오지 않는 노래
그리움에
엄마하고 불러본다

은낙새 : 엄마의 새

새색시 민들레 / 일주 이순재

일찌감치 새살림 차려
시집간 새색시

밤새 속삭인 사랑에
얼굴 노오래 졌네

하얀 담요 씌워
산부인과 문 두들기더니

엄마 닮은 노오란 꽃
아빠 닮은 하얀 꽃

형형색색
대가족 이루었네

봄의 향연 / 일주 이순재

새봄이 왔다
벗어 놓은 옷 다시 꺼내 입고
새길을 달린다

개나리 진달래
웃어주는 그곳

싱그러운 젊음은
움츠렸던 동장군을 두고
바람과 함께 달려간다

바쁘게 달려 세운 촉각
나이테 둘레 공간을
수채화로 채우며
환희를 붙잡는다

너무 많이 달려왔다
눈물로 채운 그림
빼곡히 그려진 공간

지우고 싶은 장면은
강을 건너지 못해 고개 숙인다

삶은 크고 작은 전쟁
적도의 뜨거운 사랑
북쪽의 극한 한랭은

달리는 새봄을
물리칠 수 없다

상쾌한 봄의 향기
가득 안고
다시 길을 찾는다

어디서 왔을까 / 일주 이순재

입춘대길
건양다경
둘은 오래된 친구지
늘 같이 오더군

올해도 어김없이
버들강아지들 찾아왔어
어디서 왔을까
어떻게 우리를 알았을까

살얼음 깨고
물길 따라 헤엄쳐 왔을까
엷은 매화 이파리 엮어
고까옷 차려입고 왔을까

아니지
소문 만복래 하하하
큰 웃음소리 들었나 봐

놀라서 찾아왔나 봐
굴렁쇠처럼
굴러 굴러

우리 집 마당으로
복덩이들이 왔어

오로라 / 일주 이순재

병풍처럼 둘러싸인
산자락 아래
빛의 창작

엷은 청록빛이
피어나고
보랏빛 물결치는
신비로움

잊을 수 없는 그 순간
우와
우와
함성만으로
표현할 수밖에 없는 축복

분명 신께서 주신 선물
수년이 지난 날인데도
아직 그 자리에서
스케치하며 서 있다

눈 위를 밟으며
동화 속에 숨 쉬고 있다

달나라 우주 공간도
궁금하지 않다

꿈나무들과 함께
탐험길에 올라앉았으니까

그리운 발자취 / 일주 이순재

하늘에 떠다니던 별 하나가 떨어져
한 줌의 재로 탄생되셨다
흐르는 빛의 속도에 따라
자연과 합일치를 이루고

이슬 젖은 공간 속에서
기억과 그리움을 파노라마처럼 펼쳤다
조각난 기억들 꿰맞추지 않아도
품어주신 사랑의 발자취는
긴 세월 희로애락 함께 하셨고

휘몰아치는 바람을 멈추게도 해 주셨지
사색이 돈다 혈액이 돈다
검붉은 피가 흐른다

숱한 굴곡진 삶의 여정 속에서도
사령탑 쌓아 올리게 한
나의 큰 숙부님

이젠 모든 마음 내려놓으시고
쉼터로 가셨다
어쩌랴

다시 오시라
다시 만날 날 손짓하며
고개 숙인다

선녀바위의 노을 / 일주 이순재

둥근 원 그리며 찾아온 뱃고동
새벽 문 뚫는다
뱃 머리 돌려 큰 원 세우고
잠들었던 파도 놀란 가슴 쓰담어
백지 도화지 내민다

노을도 빨강 물감 찍어
붓을 들었다
갯벌 화가 낙지
그려놓은 동그라미
조개들이 완성시킨 큰 그림

선녀바위 탄생
바닷가 모래알 헤아리다
몇 날 몇 밤을 지새우며
푸른 이끼로 손수 지어 입은 단벌옷 바위

추위에 꿋꿋이 앉아 웅크린 조개들
초롱초롱 매단다
건너편 모퉁이 목화 피워 올려
푸근한 모습
어머니 같은 선녀바위

오늘도
작아진 바늘귀 구멍으로
붉은 노을 바라보신다

가을밤은 혼자 울고 있다 / 일주 이순재

가을은 이별연습을 한다
어느 날 문득
바람의 모습이었다가
겨우 남긴 그림자조차
떠나보낸다

가을밤
잠 못 이루는 여인의 애달픈 소리
들창 넘어
가야금 뜯는 달빛처럼
어설프다

겨우 남아
뎅그라니 매달린
감나무의 까치밥 한 알
이별 채비에
붉은 눈물 뚝뚝
떨어지는 소리 들린다

가을밤은
혼자 울고 있다

겨울이 오는 곳 / 일주 이순재

하얀 속살 드러내는
구름 사이에서 뽑아내는 목화솜 뭉치
한여름의 폭우에 놀라
지친 낮달은
쉬엄쉬엄
힘없이 실타래를 풀어 헤친다

찬서리 내리는 길목에서
목화 이불 속싸개에
바늘귀 더듬는
무명옷 입은
할머니 모습

뭉게구름 사이에서
사라지고

엉클어진 실타래는
어설프게 빗질한
쪽진 머리카락
엄마 모습 나타나네

소낙비 내리는 날 / 일주 이순재

소곤소곤 응응
무슨 소리인가 했더니
엉겅퀴와 나리꽃이
속삭이는 다정한 목소리

엉겅퀴가 말하네
나리야 하늘 좀 봐
저 검은 돌덩이 같은 구름

말이 끝나기도 전에
쏟아지는 소낙비
나리꽃은 사공 없는 배 위에
올라앉은 듯 멀미를 한다

엉겅퀴 나리의 뒤쪽에서
숨은 힘 다해 당겼지만
순식간에 온몸을 휘감고
휴우 지나갔구나

나리꽃 이파리에 숨겨놓은
까만 씨앗 한 알 엉겅퀴 입에 톡

사랑해 나리꽃 방긋
한 바퀴 뱅뱅 돌아 하나가 되었네

햇살도 함께 웃는다

솟대 오신 날 / 일주 이순재

앞뜰 항아리 옆 솟대 떼들
보금자리 둥지 마련
물감 입혀 새 옷 단장하고
인공호흡 시켜 새 생명 탄생

가지 끝마다 날아들어
수호신 되셨네
그대 어디에서 날아오셨나
시를 읊는 생명줄 지키며
속삭이는 사랑 노래

하늘과 땅을 잇는 메신저
황혼이 깃든 나뭇가지 위
삶을 뒤돌아본다
내 고향 산천 그리운 이 품에 안겨
애잔한 마음 날려

하늘 높이 훨훨 날아보려무나
별이 되어라
달이 되어라
마음 중심 똑바로 세워 길잡이 되었네

영영 떠나지는 마라
품 안에 그대 몫
아직 못다한 이야기
남아 있으니까

나이는 숫자 / 일주 이순재

동쪽 창으로 뜨겁게 솟아오르는
아침 햇살
누군가 감춰 두었던 장미 한 송이
선물 받은 듯 설레는 가슴

나이는 숫자
앞마당 시들어 가는 꽃
엄마 뱃속에서 새 생명 움트는
행복한 숨결

한잎 두잎 땅에 떨어지는 까만 씨앗
엄마가 아가를 품듯
떨어지는 낙엽들
솜이불 대신 하겠다며
서로 감싸고 덮어주는 손길

새 생명 탄생에 분주한 들녘
나이는 숫자
해질녘 저물어 가는 노을까지도
아름답기만 하다

새신랑 새색시 눈빛 마주치듯

콩당콩당 뛰는 가슴
축제 마당 풍물놀이처럼
어깨춤 절로 나는
색동옷 입은 어린 동심

나이는 숫자
마음은 매일
새롭게 태어난다

능소화 / 일주 이순재

그립고 그리워서
보고파 보고파서
고개 내밀고 기다렸는데
한해가고 두해가고
석삼년이 흘렀건만
그래도 못 오시는 임이시여
아 그립고 그리워라
하늘 끝까지 고개 내밀던
능소화여 내가슴 애타듯이
붉은 눈물 흘리고 말았네
기다림이 죄라면
나 벌이라도 받으리다
그대 오는 그날까지
이 목숨 다 바쳐도 좋아라
능소화 되어 붉게 타오른
내 사랑 잊지 마오
아 님이여
내 임이여 왜 오질 않나요

비내리는 오후 / 일주 이순재

색깔 없는
빛바랜
작은 우산 하나 받쳐 들고
길을 나섰다

질퍽거리는 신발 속
팔레트에 발을 담궈
수채화를 그린다

가슴 깊은 곳에
그려진 그림 색
너무 짙어 빗물로 희석해
씻어 내고파도

뚫어진 우산 구멍 너무 작아
남은 찌꺼기
어이 할꼬

보물 1호 / 일주 이순재

그리운 이 만나기 위한
외출 준비
무심코 꺼내본 서랍 속
자석 진주 목걸이
어머님이 내게 주신 목걸이

색깔은 누리딩딩
플라스틱 고리는
금방이라도 뚝 떨어질듯한
자그마한 짧은 목걸이

주름잡힌 갈고리 같은
손바닥에 올려놓고
눈을 모았다
강산도 서너 번 넘게 바뀐
오늘에서야 텔레 파시를
시어머니 영혼 계신 곳으로
달려본다

행여 흠집이라도 날까 봐
아끼고 아끼셨던 목걸이

목에 건 날이면
어머님 아팠던 두통 사라지고
앓던 속병마저 사라지게 한
요술 같은 목걸이

아픔도 사랑도
함께 담아주신 유품
유산 같은 보물
오늘은 주름진 내 목에다
어머님처럼 걸었다

ём # 3부. 삶의 고뇌와 성찰

3부 차례

어쩌면 좋아 / 일주 이순재 ···82
동그라미의 멜로디 / 일주 이순재 ···83
아버지 / 일주 이순재 ···84
웨딩마치의 선율 / 일주 이순재 ··86
귀빠진 날 / 일주 이순재 ···87
원圓동력 / 일주 이순재 ··88
동그라미 있는 곳 / 일주 이순재 ···90
바다가 잠들 거들랑 / 일주 이순재 ··92
아버지의 여섯 개 탑 / 일주 이순재 ·······································93
도 레 미 파 솔 / 일주 이순재 ··96
소망 / 일주 이순재 ··98
인생길 / 일주 이순재 ···99
웃음 파티 / 일주 이순재 ···100
너와 나 사이 / 일주 이순재 ···101

어쩌면 좋아 / 일주 이순재

흘러가는 구름 어쩌면 좋아
가는 세월 어쩌면 좋아

곁에 있을테냐
해는 서산에 있으니
움츠릴 수 없어 어쩌면 좋아

자꾸 도망치는 너 어쩌면 좋아
찾아 다니다 뒤돌아 올려나

그리움이 터질 때 돌아오나
어쩌면 좋아

동그라미의 멜로디 / 일주 이순재

현금 자판기 앞
뚝 또록 뚝
짧디 짧은 소리

동그라미 짧게 그려진
배춧잎 닮은 두어 장
손아귀에 집어들고

갈 곳 많아 우왕좌왕
돌고 도는 것이
동그라미

옆구리 칸에서 들려오는
저 소리
뚜루룩 뚜루룩
뚜루룩 뚜루룩
연거푸 쏟아지는
저 소리

가뭄 끝에
소낙비 퍼붓는
곱디고운 멜로디 물소리

아버지 / 일주 이순재

아직도
못다 부른 그 이름

아버지란 이름
아파요
아픕니다

가슴이
오그라들고
저립니다

시대의 흐름에서
지각생 되었습니다

휘몰아치는 천둥 번개에
반짝이는 별
숨어 버리고 말았습니다

어느 누구인지
문패 꼬리표
잘못 달아준 실수에
아버지 둥지

구름 위에 떠 있나 봅니다

시대의 흐름 속도
선택 받은 자의 것

숨바꼭질
술래는
영영 술래
원망
분노
사랑으로 씻어내고

한밤중
눈에서 반짝거리는 별을
아버지라 부르며
가까이 가겠습니다

거대한 기둥 붙들고
눈에 있는 별
삼키렵니다

웨딩마치의 선율 / 일주 이순재

새색씨 옷섶에 감춘 미소
초록빛 잎파리 파란 끈은 붉은 입술
입 맞춤에
젖 몽오리 아픔 잊고

붉어진 두 볼 속내 드러내지 못한 사연은
거친 해일 덮치고 간 곳
발자국 남기고 싶지 않아
회색 콘크리트 바닥의 틈새로 뻗어

귀한 보석 같은 기억만 담아
웨딩마치 선율 따라 문을 두들겼다
출렁이는 파도 잠재우고78

큐피트 화살에 깊숙히 파고든

웨딩드레스 치마폭에 선물 가득
감싸고 활짝 핀 동백꽃
새신랑 새색씨 영원히 피어 있으리라

귀빠진 날 / 일주 이순재

우주 속 헤집고 생명
찾아 나섰더니
텅 빈 공간 넓은 곳에
바늘 끝 하나 찌를 곳 없던 마음

앗 여기구나
보글보글 끓어오르는
미역국 끓는 소리
산하를 뒤덮고

우주를 탄생시키네

원圓동력 / 일주 이순재

사각 통 속에 숨겨진
동그라미 외출
천 년을 버텨 온 나무
나이테도 보름달 모양

주인 눈길 하나 부여잡고
울며 불며 살아가는
덩치 큰 흰둥이
두 눈 뱅글뱅글
치켜세운 꼬랑지도
동그라미 그림

만학도생
네모난 사각 모자 그리워
모난 돌멩이 품고
울퉁불퉁 내던진 세월

시계 태엽 못 감은 채
시시각각 변한 색깔
오늘은 어이할꼬

네모난 시집 한 권

둥근 안경 씌워
둥근 접시에 받쳐
둥근 우주
찾아 나서야겠다

동그라미 있는 곳 / 일주 이순재

보일 듯 보일 듯이
보이질 않는다

무엇을 찾을 건지
누굴 기다리는지

냉장고 문짝 열고
우뚝 서 있는 장승
총칼 든 포수가 뒤따라오듯
머릿속이 까매진다

노루 사슴 되고 만다

옛날을 찾아 길을 나섰다
신발이 말을 하네
네 기억은 만보기 속 숫자에
숨어 있다고

억지로 짜 맞춘 모난 성격
네모 안엔
산소 호흡기가 없다네

동그라미 있는 곳
살 맛 나는 세상
별이 빛나고 있다고
나침반이 일러 주네

바다가 잠들 거들랑 / 일주 이순재

바다가 잠들거들랑
마음을 먼저
만져 보아요

장벽 허물어지고
문 열리는 소리에
꿈도 열린다

날개 달린 선구자
내 안에
열매 맺길

등불 빛 따라
넘고 싶은
높은 산맥

꿈속을 헤집고
발자국만
남긴다

아버지의 여섯 개 탑 / 일주 이순재

진눈깨비 축복받는 날
아버지가 오셨다

희미한 불빛 따라
그림자 되어 오신 아버지
흐르는 눈물 닦아 주시며
가슴속 작은 불씨
쓰담쓰담 하신다

깊은 눈길 속
애린 기침소리
그때는 몰랐습니다

깨 벗고 빠금살이 하던 시절
가슴 시린 추억
아버지는 부자 방망이 숨긴
무서운 호랑이인 줄만

내 이름 석 자 지우겠다며
매서운 눈빛 보내던
엄마 먼저 하늘 가신 후

시간 시간
소주잔에 마음 씻던 날들

미운 돌덩이
고운 돌덩이

가리지 않고
눈물로 쌓아 올린
여섯 개의 탑

사랑이었음을
이제서야 알겠습니다

흐릿해진 눈빛
축 처진 어깨 밟고
하늘 문 향하실 때
너무 일찍 열어 드린 빗장문

가슴 두들깁니다
아버지
죄송합니다

국화 한 다발 안고
소리 높여 메아리 전합니다
용서하세요
사랑합니다

도 레 미 파 솔 / 일주 이순재

나팔 소리 어깨 위에 짊어지고
숨조차 들이키지 못한 채
새로이 태어난 우리 집 색소폰 소리

겹겹이 쌓인 먼지 닦아
아가의 탯줄처럼 이어지는
애끊는 목소리

누구를 불러들였기에
이토록 공간을 꽉꽉 채우고 있을까
마술사였을까

웃음과 울음 소리로 얼룩진 듀엣
소프라노 알토에 능숙한
파도 소리가 몰고 온 넋

한 편의 파노라마 연출
수호신 낭군님 오늘은 황제
경건히 추종하며 두 귀 쫑긋 세우는
박수부대 갤러리

도 레 미 파 솔 곳곳에 울려 퍼지니

공항의 비행기 소리도 숨소리 죽이며
색소폰 소리에 놀라
빠쁘게 문턱
넘어 섰네

소망 / 일주 이순재

내 남은 소망 하나
조약돌 위라도
시 한 수 새겨 놓을 수 있다면
비단 손수건으로 닦을 텐데

세상 끝난 후
큰 바위 위에
새겨질지도 모르지
내 영혼도 거기에
함께 있고 싶어

두 손 포개 들며
낙관 찍으러 오겠지
얼굴 잊을까 봐
별 되어 반짝이고 있겠지

인생길 / 일주 이순재

끝없는 꿈의 거리
뭔가를 끝없이 찾는다
빈손으로 갈 줄 알았는데

인심 좋은 이들이
두 손으로
청산에 흐르는 물 받쳐 놓고
오가는 이 살피면서
배 띄워라네

웃음 파티 / 일주 이순재

아무 조건 없이 격식 없이
손주놈들 막춤에
응고된 혈관도 놀라 흘러내린다

쏟아지는 소낙비 폭소
사막 열기 식히고

짝사랑이면 어떠랴
등짝의 무거운 짐 내려 놓고
낙타도 춤을 출 텐데
낙타도 함께 춤을 출텐데

너와 나 사이 / 일주 이순재

무릎 통증으로
병원 다녀오는 길

하나 남은
지하철 노약자 자리
재빨리 덥석 주저앉아
안도의 한숨 내쉴 때

앞에 서 있는
한사람
나보다 흰머리 가닥수
더 많은 것 같아
슬그머니 양보했더니

숨어 있던
심장 박동 수
통증 사라 지게 하는
의사였네

4부. 공동체와 민족의 얼

4부 차례

우리의 서울 / 일주 이순재 ···104
아스팔트 위의 교향곡 / 일주 이순재 ·······································106
이과수 폭포수 같은 사람들 / 일주 이순재 ································108
텃밭의 사랑 / 일주 이순재 ··110
다정함이 힘 / 일주 이순재 ··111
고향 할미들의 전령사 / 일주 이순재 ·······································112
카네기 공연 나팔 소리 / 일주 이 순재 ····································114
문학별이 되어 오소서 / 일주 이순재 ·······································116
서울 남산 / 일주 이순재 ··118
늘 원팀 / 일주 이순재 ···120
따봉 / 일주 이순재 ··121
삼월의 노례 / 일주 이순재 ··122
무궁화 / 일주 이순재 ···124
월간문학 시가흐르는서울 표지화 임세영 −수원 곡정 초등학생− ·······126
민족정신계승 나의주장 문화대전 ··127

우리의 서울 / 일주 이순재

시가흐르는서울에는 오늘도
곳곳마다 신명나는 노랫소리 들려오고

별 달빛 숨어버린 비 오는 밤이면
높고 높은 빌딩에서 뿜어내는 불빛이
갈 길 비춰주는 등불 되고

이따금 불어오는 한강변의 산들바람은
아들 딸 손주들의 등대지기 세워주고
꿈을 키우는 자양분 이어라

쌀쌀한 냉기 머금어
일어나기 힘든 이들
돌장승의 눈물 들은
북한산 골짜기에서 흐르는 물이
씻어 내린다

거리에는 가지마다 무궁화 피우고
동서남북에서 흐른는 물
가리지 않고 품어내는
살맛 나는 춤추는 서울

길가는 나그네 발걸음 멈추게 하는
아름다운 서울이어라

우리의 서울을 어머니 품처럼 껴안은
많은 산들
온 세계에 꽃 소식 님의 소식
한달음에 전하는
도약의 기적 만든 한강

말없이 유유히 흐르는
한강은 오늘도
시가흐르는서울 풍요로운 서울에
자손만대 기적을 이루어
푸르게 푸르게 흐르리라

아스팔트 위의 교향곡 / 일주 이순재

불 꺼진 창가로 스며드는
구슬픈 노랫소리
태극기 흔들림의
부딪침 소리
백성들의
함성 소리

불꽃은 피어난다

이 땅의 장엄한 교향곡들
온 산하에 울려 퍼지고
피 끓는 청춘은
찬란한 태양을
솟아오르게 한다

이 나라
조국이여

저 강물을 향해
거슬러 올라가 보자
수천만 번의 곤두박질로
맑은 물 들이켜고 있지 않은가

조국의 넋
태극의 향기 품은 그대들이여
깃발을 높이 들자

칠천만 집집마다 들려오는

장엄한 교향곡
내 부모 형제들의
피 끓는 함성소리

북쪽에서 흐르는 물
한강에 담으니
우리는 하나

손을 맞잡자
잡은 손 놓지 말고
발맞춰
나아가자

이과수 폭포수 같은 사람들 / 일주 이순재

나는 보았네
폭포수처럼 쏟아지는 인파들
펄럭이는 태극기 울부짖음에
삶의 기운이 넘쳐
살아 있음을

오래전부터
뜨거운 열정을 가득 안고
정의를 찾아 나선
장엄한 폭포수 같은 애국자들

어찌 피할 수 있으랴
저 거대한 물줄기를
악마의 목구멍에 삼킬지라도
나만은 가야 하네

오래전부터 전해 오는 갈망
꿋꿋한 자세로 자리매김하고 싶지만
뒤에서 밀고
앞에서 당겨주는
쌍무지개 뜨게 한 많은 사랑

피를 토한 앙다문 붉은 입술
목화솜처럼 피어나는
하얀 물 솜구름이
덮어 주는구나

텃밭의 사랑 / 일주 이순재

우리 부부가 쌓은 작은 성, 텃밭
문학 쉼터 푯말 세우고
돌탑도 세우고 허수아비 가족
정원 되었다

시시때때 이곳에 마음을 쏟는다
길섶 밭고랑에 남아 있는 그림자들이여
비켜서 다오

금빛으로 물든 이파리 한 잎
한 방울 이슬까지
맺은 인연 놓고 싶지 않다
그대 사랑 아직 남았는데

쉼 없이 파고드는 노을은
용광로 속에 녹여 없애고
새롭게 타오르는 불꽃에
산과 들이 하나 되듯

금빛으로 물든 텃밭 고랑 속에 묻혀
출렁이는 마음 붙잡고 싶다

다정함이 힘 / 일주 이순재

우리가족 형제들의 모임을
옥천 이씨 집안 재실에서 가졌다
눈빛 하나만으로 협력이 바탕이 되어
신뢰가 쌓여 친밀과 아름다움이 구축되어
주고받는 사랑이 세상을 열어간다

선조님들의 넋을 재실 안채에 모신 채
오가는 술잔 속에
기쁨과 사랑과 희망이 범람했다
보드랍게 내려주는 빗방울에도
서로에게 우산을 더 기울여주며
가림막이 되어주며
사랑과 행복을 나누며

작은 돌다리에서도
손을 놓지 않고 두들겨주었다
이보시게나
사랑하는 형제가족들아
잡은 손 놓지 말고
우리 함께 가요
사랑노래 함께 불러요

고향 할미들의 전령사 / 일주 이순재

따사로운 햇살 비춰주는 어느 날
불쑥 나타난 서울댁이
한 턱 쏘는 짜장면에 흥이 났다
힘없이 웃는 얼굴엔 보릿고개 넘긴 사연
구구절절

탕수육 한 젓가락이
별 사탕보다 더 달콤하시단다
그중 반장은 구십 세를 바라보며 이름 석 자
그릴 줄 알게 되셨다는
입씨름 잘하는 할미

미국 큰딸 집을 혼자서 다녀온 자랑에
해는 서산에서 뜨는 듯
동그란 눈으로 되묻기만 하는 서울댁
허허

꼬부랑 작대기 세 개 그려진 곳은 목간통
꼬부랑 머리 뱅글뱅글 돌면 머리 파마하는 곳이지
택시 타면 종이 쪼가리가 데려다주고

버스값 모르면 동전 한 닢 넣고

기사 한 번 쳐다보고
두 닢 넣고 또 쳐다보면
손바닥 펼쳐 보이는 기사님의 스톱 표시에
미국 버스도 한국 버스도 잘도 굴러 간다네요

카네기 공연 나팔 소리 / 일주 이 순재

하늘 높이 구름 타고
무지개 안아 나팔꽃 나팔 불어
태극기 휘날리며 내 인생 소리 높였다

꼬부랑길 또 다른 비탈길
돌 부리도 밟았네
넘어질 듯 넘어질 듯 비틀대다
키 큰 해바라기 손짓으로
바른 길에 점을 찍어

카네기 무대 위에 올라
나팔소리 높였다
가시넝쿨 길 넘고 넘어
높이 핀 나팔꽃

오색 조명 불빛 속에
장미빛 양탄자 무대 위
새로운 길 열렸네
덩실덩실 춤추고
노래하며 인생 역전 이루었네

나팔꽃 나팔 인생 높이 불며

태극기 더 높이 올리고
인생 역전 알리고 싶다
울 엄마 아버지
무덤 속까지

문학별이 되어 오소서 / 일주 이순재

지금은 저 멀고 먼 높은 곳 하늘에서
별이 되어 반짝이고 있는
윤동주 시인

우리 모두 하늘과 바람과 별이 되어
당신 곁으로 가기 위해
여기 서 있습니다

죽는 그날까지
한 점 부끄럼 없길 바랐건만
되살아나는 슬픈 기억에
가슴 아려 먹먹한 삶이 되었습니다

손바닥으로 하늘을 가려가며
시곗바늘 수십 바퀴
지구는 또 몇 바퀴

어디서 무엇으로
씻어 내려야 합니까
우물물은 닫힌 채
아직까지 샘솟고 있는데

남겨 두고 오소서
바람 타고 오소서
하늘의 별 우리가 헤아릴 테니

서울 남산 / 일주 이순재

서울 하면 제일 먼저 떠오르는
도심 가운데 우뚝 선 남산
아팠던 역사는 봄가을 꽃향기와
단풍 물감으로 허브향 되어
철 따라온 세계로 날려 보낸다

남산 타워는 쉬지 않고 돌며
곳곳에 남아 있는 어두운 국치 흔적
닦아 내고 수호신 되었지요

조선 초 태조가 풍수지리에 의해
도읍지를 개성에서 서울로 옮겨
남쪽에 위치되어 남산이라 하네
목멱산 터에다 봉수대 세우고
우리 민족 지켜 주시니
춤추는 서울 되었네

남산 국악당은 문화의 배움터 되어
예술의 진흥과 우수성 한국의
역사적 전통을 자랑
할 수 있는 문화의 산실

둘레길도 이웃 나라들과 함께하는
힐링코서 되어 웃음소리 이어지는
서울 남산
마음과 마음이 합해지니

길게 뻗은 여러 갈래 길과 케이블카는
세계 어디라도 연결된 듯

항상 깨어 있는 서울 남산
영원히 숨 쉬는 보물이어라

늘 원팀 / 일주 이순재

날이면 날마다 오늘
내일도 또 오늘

꽃송이 속 씨앗 한 알
꿀벌이 머금고 있는
꿈이 있기에

일심동체
변함 없는 바다 색깔
늘 푸른 초록빛 청춘

코발트 향 함께 취하는
너와 나

한마음
하나

따봉 / 일주 이순재

손주 놈
배 속에 있을 적
태명을 고민하는데
할머니 왈
따봉
그래 따봉 좋아

쑥스러워하는 며느리 앞에서
붙여진 이름
태명 따봉

고구마 한 광주리 담듯
따봉도 한 광주리

따봉 할배
따봉 할매
따봉 애미 애비
따봉 또
따따따 봉

고구마 광주리 넘치듯 따봉
할배 할매 손주 부자

삼월의 노래 / 일주 이순재

돌담길 하얀 꽃길 걸으며
할머니 저고리를 바라본다

울 밑 봉숭아꽃
붉게 물든 손톱 밑
빛바랜 무명치마
조상들의 외침 귓가에 맴돈다

동래산성 전철역 옛 성터 해자 밑에는
임진왜란 외적의 칼날에 쓰러진
조선 민초들의 유해가
타임캡슐되어 겹겹이 쌓여 있다

한 손에는 태극기 들고
검은 무명옷 입은 채
대한 독립 만세를 외치던
할머니와 민초들

옷자락 풀어지고
칼날의 흔적은
평생토록 할머니의 훈장 되었다

동래 전철역 복구공사 중
출토된 수백 구 해골들
조선 강산에는 외적들의 말발굽에
신음하던 곳
슬픈 역사가 산하 곳곳에 묻혀 있다

살아 계실 적
일본 도에
살점 깊은 상처들

고난의 세월 100년
전 세계로 흩어진 조선 민족의
디아스포라 그 속에서 이제 한 민족의
새 시대를 열었다

무궁화 / 일주 이순재

천웅이 내려준 기개 높은 꽃
무궁화
오늘도 피고 지고 또 피어나는 꽃

아가의 별빛 눈동자 못잊어
살포시 고개 내밀며
엄마의 탯줄과 젖줄이 이어지듯
민족의 기상 가득 담아
고고한 빛깔로
가슴 가슴마다 피어난다

송이마다 피고 질 때
태극기는 쉴 틈 없이 춤을 추고
공항을 누비는 비행기 날개짓 따라
칠천만 집집마다 곳간은 범람하고

앞서 간 영웅들의 박수갈채에
겨레의 영원함을 기린다
함께 한 숱한 애환은
연분홍 자태로 피어나
미래의 희망을 가꾸고

은은히 풍기는 향기는
민족의 근면성을 일깨운다
협력을 바탕으로
이 땅에 선택되어 태어난 우리

애국심의 끈 단단히 부여잡고
찬연한 번영과 함께
애국가는
영원히 울려 퍼지리라

월간문학 시가흐르는서울 표지화 임세영
-수원 곡정 초등학생-

문예출판

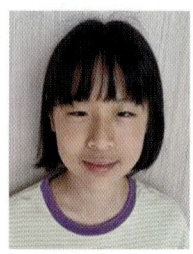

민족정신계승 나의주장 문화대전

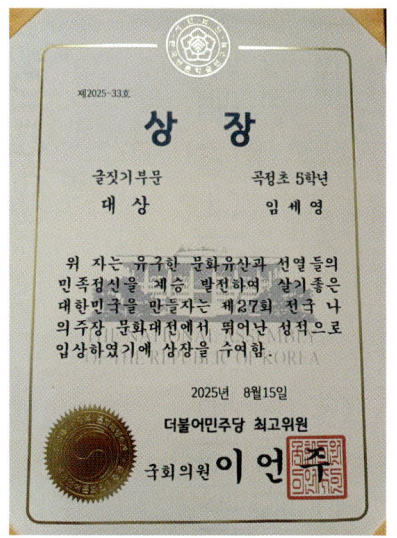
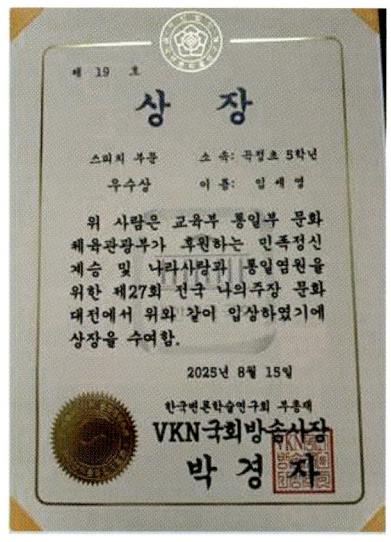

5부 손녀 임세영의 시

5부 차례

가을 이야기 …………………………………… 130
가을 인사 ……………………………………… 131
겨울잠 ………………………………………… 132
광복절 ………………………………………… 133
금메달 ………………………………………… 134
나만 …………………………………………… 135
나와 동생 사이 ………………………………… 136
동백나무 ……………………………………… 127
말도 안되지 …………………………………… 138
맛있는 그림자 ………………………………… 139
뽀시 …………………………………………… 140
사랑의 맛 ……………………………………… 141
숲속 음악회 …………………………………… 142
시험 시간 ……………………………………… 143
우리 모리 ……………………………………… 144
우정 …………………………………………… 145
책읽기 ………………………………………… 146
추억 가방 ……………………………………… 147
필통 여관 ……………………………………… 148
허수아비 ……………………………………… 149

가을 이야기

임세영 곡정초 4학년

가을철 조용히 서있는
가을나무
사실은 그들의 이야기까
많고도 많다.

저 산 위의 단풍나무
옆집 예쁜 코스모스 보고
마음이 두근두근
얼굴이 빨개지고

학교옆의 은행나무
밤에 잠 못들자
귀뚜라미는 귀똘귀똘
자장가 불러준다.

할아버지댁 근처 감나무
마음씨 고와
날아오는 까마귀 감 따먹어도
방글방글 웃기만 하고

사계절 내내 소나무
생김새 못났다고
새들에게 놀림받아
가시같은 잎을 바짝 세운다.

사람들에게 비밀이 많은
가을나무
지금도 사람들 몰래
이야기 나누고 있다.

가을인사

임세영 곡정초 4학년

찾아오는 가을바람이
지나가는 여름더위에게
싱긋이 웃어 보이고

더위에 푹 익어 붉어진 장미는
가시를 흔들며
코스모스에게 자리 내어주고

익고 있는 벼는
잘 부탁한다며
가을에게 고개 숙인다.

여름의 음악가 매미는
나무에서 서서히 내려오며
가을의 음악가 귀뚜라미를
마중나온다.

겨울잠

임세영 곡정초 4학년

차디찬 바람이 불어올 즈음
다람쥐 한마리
나뭇잎 하나 벗삼아
잠을 잔다.

봄이 되기만을
기다리는 아기 다람쥐
꿈속에서 와그작 와그작
도토리만 깨문다.

얇은 빙판처럼 부서지기 쉬운
옅은 잠
혹시나 깰라 겨울 바람
조용하게 불어온다.

그 모습을 본
새하얀 눈
다람쥐 등 위에 소복이
이불삼아 덮어준다.

광복절

임세영 곡정초 4학년

그날 그들의 붉은 열정과
하늘처럼 높디높은 끈기
붉은색과 푸른색으로 남아
태극무늬를 이루고

그날 그들의 흔들림없는 눈동자와
눈처럼 깨끗한 마음
검은색과 흰색으로 남아
사괘와 바탕을 이룬다.

그날 그들의 의지가 담긴 태극기
지금도 독립을 기뻐하며
나풀나풀 춤을 춘다.

금메달

임세영 곡정초 4학년

쓰레기 더미속
어린 새싹
그 희망을 안고
그들은 그곳을 꺼내나간다.

어렵사리
뻗어낸 자리
새 생명들이
솟아오른다.

그 의지에 힘입어
작은 새싹도
매일 땀방울 맞으며
쑤욱 쑤욱 자란다.

금보다 더한 가치가있는
생명들의 터
금메달이란 이름과
당당히 서있는 이유가있다.

버려진 냄새로
가득했던 그곳
서서히 꽃향기가
뭉게뭉게 피어난다.

나만

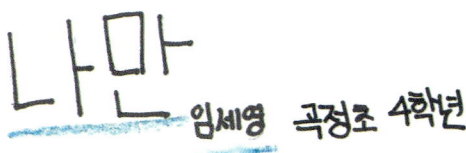
임세영 곡정초 4학년

하나 남은 버스자리
내가 앉아도 될까?

하나 남은 버스자리
그게 아니야.

다른 사람들도 그러니까.
내가 먼저 탔으니까.

할머니께서 불편하시니까.
나만 양보하면 바뀌니까.

나와 동생 사이

임세영 곡정초 4학년

나와 동생 사이는
접착테이프와 같아요.
떨어지기도 쉽지만
붙이기도 쉽지요.

싸움이 떼어낸 접착테이프
미안하단 한마디에
찰싹
또다시 붙지요.

나와 동생 사이는
스펀지와 같아요.
쪼그라들기도 쉽지만
부풀리기도 쉽지요.

다툼이 눌러낸 스펀지
같이 놀잔 한마디에
쑤욱
또다시 부풀지요.

동백나무

임세영 곡정초 4학년

따뜻한 봄날
활짝 꽃피운 나무들
방글방글 웃으며
노래를 부른다.

그러나
동백나무 만큼은
꽃피우지 않은채
숨죽여 있었다.

꽃들이 험담해도
사람들이 무시해도
동백나무는
가만히 있었다.

그러다 온
춥디추운 겨울
힘을 다해 꽃있었는
나무들 뒤로하고

동백나무는
서서히 꽃피웠다.
새하얀 눈 쏟아질때까지
조용히 꽃피웠다.

그리고 새하얀 눈밭에
붉은 꽃잎 뽐내며
가장 빛나는 겨울의
주인공이 되었다.

말도 안되지

임세영 곡정초 4학년

소시지 없는 핫도그?
말도 안되지.

시험없는 학교?
말도 안되지.

털 없는 강아지?
말도 안되지.

너 없는 나?
정말
말도 안되지.

문제 없는 수학책?
말도 안되지.

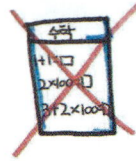

뽀시

임세영 곡정초 4학년

우리집 햄스터
뽀시
귀여운 만큼
별명도 참 많다.

그러다 친구들 오면
이름 비슷하다고
라면과자
뿌셔뿌셔라나 뭐라나.

해바라기씨 들고
야금야금
그러다가 동생한테
먹보라고 불리고

누가 뭐래도
상관없어.
뽀시는 나와 친하니까
나는 뽀시를 친구라고 부르지.

쳇바퀴 돌리다
아침에 깜빡 졸면
그날은 아빠가
잠보라고 부른다.

♡ 사랑의 맛 ♡

임세영 곡정초 4학년

엄마 품에서 갓따
마음께 실은 엄마사랑

두근두근 사랑하는 마음이
입안가득
느껴진다.

소스를 뿌리면 더 맛나
사랑에 행복소스도 주르륵
꿀꺽!
뒷맛까지 행복해

엄마사랑이 최고의 맛.

엄마, 사랑해요.

숲속 음악회

임세영 4학년 곡정초

바다만큼이나
큰 행복이 열리는 음악회

이 세상 모든것이 다 음악가가 된다.

달빛 내리던 낙엽속의 귀뚜라미는
찌이익 치이익 바이올린 연주하고

산들바람 부는 나무위 딱따구리는
딱딱 똑똑 커스터네츠 연주한다.

연꽃핀 연못에선 개굴 개굴
연잎위 개구리 노래한다.

연잎 밑 엉어들도 함께
뻐끔 뻐끔

벚꽃 떨어지듯
봄바람 나부끼며

음악회
숲속 음악회
하루종일 계속된다.

시험시간 _100_
임세영 곡정초 4학년

시험시간
놀이공원에 온것만 같아.
심장이 두근두근
쿵쾅쿵쾅.

시험시간
바이킹에 탄것만 같아.
이 답이 맞을까?
마음이 오락가락해.

시험시간
롤러코스터를 탄것만 같아.
틀리면 어쩌지
마음이 자꾸 초조해.

시험시간
놀이기구가 끝난것 같아.
모두다 동그라미
마음이 뿌듯해.

우리 모리

임세영 곡정초 4학년

오랜시간이 지났어도
추억이 있어
분명히 기억하는 우리 모리

처음 만난 순간
나의 친구라는걸 한눈에 알았던
멋진 우리 모리

함께 했던 시절
똘망똘망했던 순수한 눈이
귀여웠던 우리 모리

지금은 떠났지만
넌 최고의 물고기이자
최고의 친구였어.
잘가 모리야.

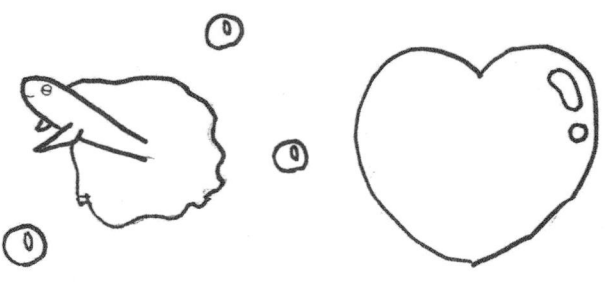

우정

임세영 곡정초 4학년

친구 손과 내 손이
맞닿은 곳

하나씩 존중이 나오고
하나씩
배려가 나오고

빛나던
소중한 행복이
탑승한 열기구

밝은 빛을 품으며
우리에게
행복을 전한다.

열기구가 내려와
행복을 전하고
행복이 우리 사이
우정이 되고

책읽기

임세영 곡정초 4학년

문단은지 오래된
헌책방의 책들

읽을 사람이 없어
팔랑팔랑
나비가 읽는다

재미있어서 멈출수가없다
팔랑팔랑
지켜보던 책속 주인공이
환제하는듯한 표정을 짓는다

지켜보던 책속 마녀가
자기도 봐달라고
응석을 부렸다

알겠다고 대답하고
팔랑팔랑
팔랑팔랑

추억가방

임세영 곡정초 4학년

학교 갔다온 뒤에
벤치에 가방 던져두고
천진난만하게 놀았던
친구들과 나.

친구들과 다 투었을때
가방에서 사탕꺼내
달콤하게 사과했던
따뜻한 기억

주말에 만나서
가방에 물통 쑤셔넣고
싱글벙글 분식집 가던
그때 그 기분

가끔도 추억여행 가고플땐
가방매고 눈감으며
친구들에게
전화합니다.

필통 여관

임세영 곡정초 4학년

필통은 제일가는
여관이예요.
집 없는 학용품들을
반겨주지요.

수업시간
들락날락하는 연필
맞이해주어야 하거든요.

오늘도 필통은
손님 맞느라
바빠요.

허수아비

임세영 곡정초 4학년

혼자 우뚝이 서있는 허수아비
거센 바람에도
내리치는 천둥에도
쏟아지는 굵은 빗줄기에도
굴복하지 않는다.

포기하지 않는다는 의지로 제자리를 지킨다.
희롱하는 참새들도
무시하는 사람들도
방해하는 풀벌레도
허수아비 의지 꺾을순 없다.

허수아비야
너의 참을성 배우고 싶구나

축하글

축하 합니다 / 김기진 ···151
이순재 시인의 시집 『축제』 축하 / 김중위 ···152
표현력의 독창성 / 박가을 ··153
시와 동행하는 고상한 인생길 / 석희구 ···154
친애하는 이순재 시인님 / 양준호 ···155
『축제』 출간을 마음 깊이 축하드립니다 / 소백 김영숙 ······················156

『축제』 평론— 이순재 제2 시집에 부쳐 / 시가흐르는서울 대표 김기진 ············157

축하 합니다 / 김기진

 이순재 시인의 제2시집 『축제』 발간을 진심으로 축하드립니다. 일흔을 훌쩍 넘긴 나이에 시와 마주하고, 그 첫 만남을 단숨에 60편의 시로 꽃피우시며 시집 『어쩌면 좋아』를 세상에 내놓으셨던 감동은 지금도 생생합니다.
 그리고 이제, 삶의 깊이를 더한 두 번째 시집 『축제』로 또 한 번 찬란한 문학의 결실을 맺으셨습니다. 시는 나이를 묻지 않습니다. 오히려 살아온 시간만큼 더 단단하고 넓어진 언어가 시를 통해 빛을 발합니다. 이순재 시인의 시편마다 스민 것은 꾸밈이 아닌 진심, 형식이 아닌 체온입니다. 그 시들은 일상의 틈새에서 건져 올린 삶의 숨결이며, 고요한 사색과 따뜻한 시선이 어우러진 한 편의 인생 이야기입니다.
 시쓰기 수업에 처음 참여하셨을 때의 설렘, 그 시간 속에서 묵묵히 써 내려간 수많은 원고들, 그리고 마침내 이뤄낸 『축제』라는 이름의 시집. 이 모든 과정이야말로 시인의 내면이 빚어낸 가장 진실한 예술이며, 우리가 함께 축하하고 기뻐해야 할 축제입니다.
 이 시집이 많은 이들의 마음에 오래 남아, 또 다른 시작이 되기를 소망하며, 진심을 다해 축하를 전합니다.

2025년 8월 15일
시가흐르는서울 대표 **김기진** 시인

이순재 시인의 시집 『축제』 축하 / 김중위

첫 시집 『어쩌면 좋아』를 세상에 내놓을 때 함께했던 인연이 오늘 이 자리에까지 이어졌음을 떠올리니, 제 마음 또한 뭉클합니다. 그때의 설렘과 떨림이 세월의 햇살과 바람을 거쳐 이제는 짙어진 향기와 무르익은 빛깔로 결실을 맺었습니다. 이는 시인이 걸어온 길 위에 흘린 정성과 열정의 산물이며, 곁에서 지켜본 저로서는 그 여정을 무엇보다 자랑스럽게 생각합니다.

이순재 시인의 언어는 삶의 기쁨과 슬픔을 고운 빛깔로 엮어내어, 읽는 이의 마음에 오래 남는 울림을 줍니다. 시편마다 맑은 샘물 같은 진심이 흐르고, 따스한 햇살 같은 온기가 스며 있어 독자들은 그의 시 속에서 위로를 얻고 힘을 얻게 됩니다. 이번 시집은 사계절을 지나 만개한 꽃밭처럼 다채로운 빛과 향기를 머금고 있으며, 그 속에는 시인의 혼과 생애가 고스란히 담겨 있습니다.

문학의 길은 때로 고독하고 험난하지만, 그는 흔들림 없이 그 길을 묵묵히 걸어왔습니다. 스승의 자리에서 바라볼 때, 제자는 글을 쓰는 이가 아니라 삶으로 시를 살아내는 존재여야 한다고 믿습니다. 그런 의미에서 이순재 시인은 제자이자 후배로서 큰 자랑입니다. 그의 시와 삶은 앞으로도 많은 이들의 가슴을 적시며, 한국 문학의 향기로 오래 남을 것입니다.

다시 한 번 『축제』의 출간을 축하드리며, 시인의 발걸음이 더욱 빛나고, 그 향기가 널리 퍼져 많은 이들의 마음에 깊은 감동으로 스며들기를 기원합니다.

시가흐르는서울 고문 前 환경부 장관 **김중위** 시인

표현력의 독창성 / 박가을

　삶의 한복판에서 살아가며 스치는 인연은 참 아름다운 일이다. 매일 매일 반복되는 일상에서 나를 훌훌 털어버리고 세상 앞에 내놓는 일은 그리 쉽지 않다.
　그것이 내 인생길을 걸어가는 길목이라면 이는 숙명처럼 받아들여야 하는 일이기 때문이다. 세상을 바라보는 시야視野 그리고 세상과 소통하는 감성은 시인만이 가지고 있는 특성 그 자체이다. 그래서 시인이 바라보는 세상은 어떠한지 묻고 또 묻는 일이다.
　오늘 이순재 시인의 두 번째 시집 『축복』을 상제 한다.
　그토록 기다린 결과는 두려움과 기쁨 그리고 설렘이 교차하는 순간을 맞이할 것이고 시인이 바라보는 세상을 아름다움 그 자체일 것이다.
　박수를 보내고 싶은 것은 시인은 세월을 초월하여 인생길을 스스로 만들어가고 있다는 사실이다. 시어 한 조각을 떼 내어 밤하늘 별을 만들고 싶을 만큼 표현력이 남다르다. 앞으로도 창작 활동을 통해서 문인들의 본이 되고 독자에게 꿈과 희망을 만들어주는 시인으로 발돋움하길 바라며 축하드린다.

박가을 시인 학평론가

시와 동행하는 고상한 인생길 / 석희구

　언제나 단아하시고 반듯하신 한국형 어머니의 인격을 가지신 분이라고 생각하는 이순재 선생님께서 시집 제2집 "축제"를 출간하신다니 저의 가족이 승진했다는 소식을 듣는 듯한 기쁨입니다. 중심으로 축하를 드립니다.
　시인에게 있어서 시집 출간은 농부가 봄날에 씨를 뿌리고 여름날 불볕 더위에 김매고 가꾸어서 가을에 추수를 하는 것과 같은 보람과 기쁨입니다. 그러니 축하 받는 일은 당연지사입니다. 한 편의 글을 쓰는 일이 쉽지 않은 일이라는 것은 우리 모두가 익히 아는 바입니다.
　특별히 한 권의 책을 엮는다는 것은 더 더욱 심사숙고 해야 할 어려운 일입니다, 그런 면에서 금번 이순재 시인의 시집 "축제"의 작품을 출간하게 되심을 중심으로 축하, 축하를 드리는 바입니다,
　시와 함께 동행하며 시를 좋아하는 독자들과 함께 시인의 삶을 펼쳐갈 수 있는 값진 삶을 살게 된 것에 대하여 중심으로 축하를 드립니다.
　아무쪼록 이순재 시인의 시 세계의 창대한 발전과 문운이 거듭 되시길 바라며 문학 활동이 즐겁고 보람 있는 삶이 되시길 바랍니다, 더욱 바라는 것은 시 닮은 삶을 펼치시며 고상한 형이상학의 인생 길이 되시기를 간절히 기원 드립니다

　　　　　　시가흐르는서울 월간문학회 회장 **석희구** 드림

친애하는 이순재 시인님 / 양준호

　두번째 시집 ^축제 ^ 출간을 진심으로 축하드립니다.
　이순재님의 시는 늘 바람에 실려 오는 꽃향기 처럼 마음을 스치고, 때로는 깊은 밤하늘의 별 빛처럼 고요히 내려앉습니다. 첫 시집 ^어쩌면 좋아^ 에서 심어 놓으신 언어의 씨앗이 세월과 함께 자라, 이제는 온갖 색과 향으로 가득한 한마당의 축제를 피워 올렸습니다. 그 속에는 웃음과 눈물, 빛과 그늘이 한데 어울러져 있어, 독자들은 마치 오랜 기다림 끝에 열린 잔치에 초대 받은듯 마음을 열고 발걸음을 옮길것입니다.
　축제란 기쁨만의 자리가 아니라, 슬픔마져 함께 앉혀 더 넓고 깊은 울림의 자리이기에, 이번 두번째 시집 속의 축제는 더욱 의미가 깊습니다. 이순재시인님의 시가 건네는 언어들은 삶의 상처를 부드럽게 감싸고, 잊고 있었던 빛을 다시 불러와 우리 마음을 환하게 밝히리라 믿습니다.
　오늘의 이 축하가 또 다른 시작의 서곡이 되시기를 바랍니다. 앞으로도 이순재시인님의 시가 먼 길 위해서 수많은 이들의 가슴을 비추는 등불이 되어, 언제나 설렘과 감동의 잔치를 이어가시길 소망합니다. 이순재시인님의 피워 올리신 오늘의 축제는, 내일의 별 빛이 되어 오래도록 반짝이시길

　　　　　　　　　　　　　　　석산 **양준호** 시인

『축제』 출간을 마음 깊이 축하드립니다 / 소백 김영숙

시를 쓰며 행복해하시고, 그 결실로 두 번째 시집을 세상에 내놓으시는 모습이 참으로 자랑스럽고 감동스럽습니다. 첫 시집 이후 한층 더 무르익은 시인의 언어는 삶을 품는 따뜻함과 사람을 감싸는 긍정의 기운을 담아, 읽는 이들의 가슴속에 오랫동안 머무는 울림이 되어 줍니다.

특히 저에게는 키르기스스탄에서 함께 룸메이트로 지내며 많은 경험을 나누었던 시간이 잊히지 않습니다. 꺼지지 않는 불꽃 앞에서 제 반쪽과 언약식을 함께 축복해 주시던 순간, 또 경상도 사투리의 화끈한 웃음 속에 밤새도록 나누던 이야기들은 평생 간직할 소중한 추억입니다. 그때 한층 더 가까워지고 마음을 나눌 수 있었던 것은 시인이 가진 따뜻한 인품 덕분이었습니다.

따스한 햇살처럼 행복을 노래하는 축재의 열매가 되어주시고 넓은 시의 세계에서도 열락과 정애가 풍만한 꺼지지 않는 등불이 되어 훨훨 불타오르시기를 바랍니다.

기쁜 마음 전달할 수 있게 해 주심에 감사합니다.

『축제』 평론
- 이순재 제2 시집에 부쳐

1. 총평

　이순재 시인의 두 번째 시집 『축제』는 제목이 암시하듯 삶과 문학이 교차하며 빚어내는 환희의 장場입니다. 첫 시집 『어쩌면 좋아』에서 다소 소박하고 순수했던 감성이 이번에는 보다 깊이 있는 사유와 원숙한 언어로 확장되었습니다. 시인은 개인적 삶의 체험을 바탕으로 하면서도, 그것을 넘어 공동체와 역사, 그리고 민족적 정체성으로 시야를 확장하고 있습니다.
　시집 전체는 다섯 부로 나뉘며, **삶의 환희와 시작(1부), 자연과 시간의 성찰(2부), 고뇌와 내적 성찰(3부), 공동체와 민족의 얼(4부), 그리고 손녀 세영의 동심(5부)**이 서로 어우러져 있습니다. 이는 단순히 한 시인의 개인적 기록을 넘어, 세대를 잇는 서사와 삶의 진실을 품은 거대한 『축제』의 무대를 마련한 것이라 평가할 수 있습니다.
　무엇보다도 이번 시집에서 두드러지는 특징은 비유와 상징의 적극적인 사용입니다. 『동그라미』 『퍼즐』 『금메달』 『능소화』와 같은 일상적 사물과 풍경이 은유로 변환되어 존재의 본질과 인간사의 고뇌를 비춥니다. 또한 다수의 시편에서 삶의 모순을 껴안고 화해로 나아가려는 태도가 엿보이며, 이는 시인의 연륜과 인격적 성숙이 시어 속에 자연스레 배어든 결과입니다.

2. 각 부의 평

제1부 — 삶의 시작과 환희

첫 부에서는 시인의 내면적 환희와 일상의 깨달음이 담겨 있습니다. 『축제』『내려놓을 수 없는 것은』『행복과 고뇌』『내 친구 나』 등은 개인적 체험을 은유화하여 보편적 메시지로 확장합니다.

예컨대, 『퍼즐』은 삶의 파편화된 경험들이 결국 제 자리를 찾아가는 과정을 보여줍니다. 이는 '내 자리 어디지' 라는 질문으로 시작해, 마침내 '아래쪽 모퉁이 그 자리에 있었구나' 라는 깨달음으로 끝나며, 존재의 불안이 화해로 나아가는 여정을 잘 보여줍니다.

또한 『붉은 눈물』은 짧지만 인상적입니다. '동그라미에 점 살짝 찍었는데 / 우주는 번개처럼 돌아가고' 라는 구절은 존재의 사소한 변화가 우주적 파동으로 번져 나간다는 상징을 품습니다. 작은 행위 속의 거대한 진실을 포착하는 시적 직관이 돋보입니다.

이 부에서 주목할 세 편:

『퍼즐』 전문

내 자리 어디지
여기저기 찾아봐도
못 찾던 자리

아래쪽 모퉁이
그 자리에 있었구나
찾았다

조각난 내 인생
한 조각 퍼즐

『붉은 눈물』 전문

동그라미에 점 살짝 찍었는데
우주는 번개처럼 돌아가고

이를 지켜본 기죽은
손풍로의 붉은 눈물에
함께 울어 주는
뜨거운 우정

『내려놓을 수 없는 것은』 전문

그가 보고플 때
저 멀리 바라보는 망원경

동공을 확장해 봐도
그대는 어디 갔나

기억은 계속 눈을 뜬다
어제가 오늘
오늘은 내일
망원경 거울은
끊임없이 탐사하니

어찌
그대
붙잡지 않을 수 있으랴

제2부 — 시간의 흐름과 자연의 속삭임

두 번째 부는 자연에 대한 관찰을 통해 시간과 존재의 유한성을 성찰합니다. 「엄마의 옛노래」는 이미 고인이 된 어머니의 노랫가락을 기억하며, 사라진 것의 회상과 현재적 부재의 아픔을 노래합니다. "지금은 어디에서도 들려오지 않는 노래 / 그리움에 엄마 하고 불러본다"는 구절은 단순한 회고를 넘어, 부재 속에서도 이어지는 영혼의 교감을 드러냅니다.

「능소화」는 기다림과 그리움의 정서를 상징적으로 보여줍니다. 꽃의 붉은 빛이 곧 '붉은 눈물'로 치환되며, 이는 사랑의 불가능성과 간절한 기다림을 노래합니다. '기다림이 죄라면 나 벌이라도 받으리다'라는 표현은 순정한 사랑의 극점을 드러내며 독자의 심금을 울립니다.

이 부에서 주목할 세 편:

『엄마의 옛노래』 전문

천상에 계신 엄마만의 노래
가슴 시린 노래
엄마가 그리워 이 밤
옛날을 흥얼거린다

당신은 은낙 새 둥둥
그 뒤에는 꾀꼬리 둥둥

잘난 너는 앙기 속에서
앙기 당기 춤추세
앙기 당기 다라 다라 내 사랑아

가락 맞출 생각조차 없이
긴 밭고랑을 돌고 돌며
노랫가락 캐어내고
가난도 묻으셨다

지금은 어디에서도
들려오지 않는 노래
그리움에
엄마 하고 불러본다

『능소화』 전문

그립고 그리워서
보고파 보고파서
고개 내밀고 기다렸는데
한해가고 두해가고
석삼년이 흘렀건만
그래도 못 오시는 임이시여
아 그립고 그리워라
하늘 끝까지 고개 내밀던
능소화여 내 가슴 애타듯이
붉은 눈물 흘리고 말았네

기다림이 죄라면
나 벌이라도 받으리다
그대 오는 그날까지
이 목숨 다 바쳐도 좋아라
능소화 되어 붉게 타오른
내 사랑 잊지 마오
아 님이여
내 임이여 왜 오질 않나요

『봄의 향연』 전문

새봄이 왔다
벗어 놓은 옷 다시 꺼내 입고
새길을 달린다

개나리 진달래
웃어주는 그곳

싱그러운 젊음은
움츠렸던 동장군을 두고
바람과 함께 달려간다

바쁘게 달려 세운 촉각
나이테 둘레 공간을
수채화로 채우며
환희를 붙잡는다

너무 많이 달려왔다
눈물로 채운 그림
빼곡히 그려진 공간

지우고 싶은 장면은
강을 건너지 못해 고개 숙인다

삶은 크고 작은 전쟁
적도의 뜨거운 사랑
북쪽의 극한 한랭은

달리는 새봄을
물리칠 수 없다

상쾌한 봄의 향기
가득 안고
다시 길을 찾는다

제3부 ― 삶의 고뇌와 성찰

　세 번째 부는 시인의 내적 성찰이 가장 두드러진 부분입니다.『아버지』,『아버지의 여섯 개 탑』 등 부친에 관한 시편은 개인적 아픔과 가족 서사를 통해 보편적 부정父情의 의미를 새깁니다. 특히『아버지의 여섯 개 탑』은 아버지의 고단한 삶과 무거운 짐을 '여섯 개의 탑'으로 형상화하며, 뒤늦게 깨닫는 회한과 사랑이 절절히 묻어납니다.

　『동그라미의 멜로디』에서는 '현금 자판기'라는 일상적 장면을 통해 자본의 순환과 삶의 공허를 드러냅니다. 그러나 마지막에 그것을

'소낙비 퍼붓는 멜로디'로 전환함으로써, 삶의 허무를 넘어선 희망의 음률을 만들어 냅니다.

이 부에서 주목할 세 편

『아버지의 여섯 개 탑』 전문

진눈깨비 축복받는 날
아버지가 오셨습니다

희미한 불빛 따라
그림자 되어 오신 아버지
흐르는 눈물 닦아 주시며
가슴속 작은 불씨
쓰담쓰담 하십니다

깊은 눈길 속
애린 기침소리
그때는 몰랐습니다

깨 벗고 빠끔살이 하던 시절
가슴 시린 추억
아버지는 부자 방망이 숨긴
무서운 호랑이인 줄만

내 이름 석 자 지우겠다며
매서운 눈빛 보내던

엄마 먼저 하늘 가신 후
시간 시간
소주잔에 마음 씻던 날들

미운 돌덩이
고운 돌덩이

가리지 않고
눈물로 쌓아 올린
여섯 개의 탑

사랑이었음을
이제서야 알겠습니다

흐릿해진 눈빛
축 처진 어깨 밟고
하늘 문 향하실 때
너무 일찍 열어 드린 빗장문

가슴 두들깁니다
아버지
죄송합니다
국화 한 다발 안고
소리 높여 메아리 전합니다
용서하세요
사랑합니다

『아버지』 전문

아직도
못다 부른 그 이름

아버지란 이름
아파요
아픕니다

가슴이
오그라들고
저립니다

시대의 흐름에서
지각생 되었습니다

휘몰아치는 천둥 번개에
반짝이는 별
숨어 버리고 말았습니다

어느 누구인지
문패 꼬리표
잘못 달아준 실수에
아버지 둥지

구름 위에 떠 있나 봅니다

시대의 흐름 속도
선택 받은 자의 것

숨바꼭질
술래는
영영 술래
원망
분노
사랑으로 씻어내고

한밤중
눈에서 반짝거리는 별을
아버지라 부르며
가까이 가겠습니다

거대한 기둥 붙들고
눈에 있는 별
삼키렵니다

〈동그라미의 멜로디〉 전문

현금 자판기 앞
뚝 또록 뚝
짧디 짧은 소리

동그라미 짧게 그려진
배춧잎 닮은 두어 장
손아귀에 집어들고

갈 곳 많아 우왕좌왕
돌고 도는 것이
동그라미

옆구리 칸에서 들려오는
저 소리
뚜루룩 뚜루룩
뚜루룩 뚜루룩
연거푸 쏟아지는
저 소리

가뭄 끝에
소낙비 퍼붓는
곱디고운 멜로디 물소리

제4부 — 공동체와 민족의 얼

네 번째 부는 시인이 개인의 울타리를 넘어 공동체와 민족적 서사를 노래하는 장입니다. 『우리의 서울』 『아스팔트 위의 교향곡』 『무궁화』 등은 현대적 도시의 풍경과 역사를 끌어안으며, 민족적 자긍심과 연대 의식을 드러냅니다.

『아스팔트 위의 교향곡』에서 "저 강물을 향해 거슬러 올라가 보자 / 수천만 번의 곤두박질로 / 맑은 물 들이켜고 있지 않은가" 라는 대목은 민족의 투쟁사를 강물의 이미지로 은유하며, 투쟁 속에서 솟구친 희망을 표현합니다.

또한 『무명치마의 훈장』은 여성 민초들의 항일정신을 조명하며, 역사의 그늘 속 숨겨진 이름 없는 주체들의 숭고한 가치를 드러냅니다.

이 부에서 주목할 세 편

『아스팔트 위의 교향곡』 전문

불 꺼진 창가로 스며드는
구슬픈 노랫소리
태극기 흔들림의
부딪침 소리
백성들의
함성 소리

불꽃은 피어난다

이 땅의 장엄한 교향곡들
온 산하에 울려 퍼지고
피 끓는 청춘은
찬란한 태양을
솟아오르게 합니다

이 나라
조국이여

저 강물을 향해
거슬러 올라가 보자
수천만 번의 곤두박질로
맑은 물 들이켜고 있지 않은가

조국의 넋
태극의 향기 품은 그대들이여
깃발을 높이 들자

칠천만 집집마다 들려오는

장엄한 교향곡
내 부모 형제들의
피 끓는 함성소리

북쪽에서 흐르는 물
한강에 담으니
우리는 하나

손을 맞잡자
잡은 손 놓지 말고
발맞춰
나아가자

『무명치마의 훈장』 전문
돌담길 하얀 꽃길 걸으며

할머니 저고리를 바라봅니다

울 밑 봉숭아꽃
붉게 물든 손톱 밑
빛바랜 무명치마
조상들의 외침 귓가에 맴돕니다

동래산성 전철역 옛 성터 해자 밑에는
임진왜란 외적의 칼날에 쓰러진
조선 민초들의 유해가
타임캡슐되어 겹겹이 쌓여 있습니다

한 손에는 태극기 들고
검은 무명옷 입은 채
대한 독립 만세를 외치던
할머니와 민초들

옷자락 풀어지고
칼날의 흔적은
평생토록 할머니의 훈장 되었습니다

동래 전철역 복구공사 중
출토된 수백 구 해골들
조선 강산에는 외적들의 말발굽에
신음하던 곳
슬픈 역사가 산하 곳곳에 묻혀 있습니다

살아 계실 적
일본 도에
살점 깊은 상처들

고난의 세월 100년
전 세계로 흩어진 조선 민족의
디아스포라 그 속에서 이제 한 민족의
새 시대를 열었습니다

『무궁화』 전문

천웅이 내려준 기개 높은 꽃
무궁화
오늘도 피고 지고 또 피어나는 꽃

아가의 별빛 눈동자 못 잊어
살포시 고개 내밀며
엄마의 탯줄과 젖줄이 이어지듯
민족의 기상 가득 담아
고고한 빛깔로
가슴 가슴마다 피어납니다

송이마다 피고 질 때
태극기는 쉴 틈 없이 춤을 추고
공항을 누비는 비행기 날개짓 따라
칠천만 집집마다 곳간은 범람하고

앞서 간 영웅들의 박수갈채에
겨레의 영원함을 기립니다
함께 한 숱한 애환은
연분홍 자태로 피어나
미래의 희망을 가꾸고

은은히 풍기는 향기는
민족의 근면성을 일깨웁니다
협력을 바탕으로
이 땅에 선택되어 태어난 우리

애국심의 끈 단단히 부여잡고
찬연한 번영과 함께
애국가는
영원히 울려 퍼지리라

제5부 ― 손녀 임세영의 시

마지막 부는 시인의 손녀 임세영의 동시童詩들을 수록함으로써, 세대 간의 문학적 대화를 가능하게 합니다. 『나와 동생 사이』『동백나무』『시험시간』 등은 초등학생의 눈으로 바라본 일상의 세계를 순수하게 담아내며, 그 자체로 『축제』의 또 다른 장면을 연출합니다.

예컨대 『나와 동생 사이』에서 '접착테이프와 같아요. 스펀지와 같아요' 라는 비유는 어린 시선으로도 관계의 본질을 꿰뚫는 순수한 통찰을 보여줍니다. 이러한 시편들은 시인의 가족적 서사를 넘어, 문학이 세대를 잇는 다리가 될 수 있음을 상징합니다.

이 부에서 주목할 세 편

『나와 동생 사이』 임세영 곡정초 4학년

나와 동생 사이는
접착테이프와 같아요.
떨어지기도 쉽지만
붙이기도 쉽지요

싸움이 떼어낸 접착 테이프
미안하단 한마디에
찰싹
또 다시 붙지요

나와 동생 사이는 '
스펀지 같아요
쪼그라 들기도 쉽지만
부뿔리기도 쉽지요

다툼이 놀러낸 스펀지
같이 놀잔 한 마디에
쏙싹 또다시 붙지요

『동백나무』 임세영 곡정초 4학년

따뜻한 봄날
활짝 꽃피운 나무들
방글방글 웃으며

노래를 부릅니다

그러나
동백나무만큼은
꽃피우지 않은 채
숨죽여 있었습니다

꽃들이 험담해도
사람들이 무시해도
동백나무는
가만히 있었습니다

그런다음
춥디추운 겨울
힘을다해 꽃잎 접는
나무들 뒤로하고

동백나무는
서서히 꽃피웠다
새하얀 눈 쏟아질 때까지
조용히 꽃피웠다

그리고 해하얀 들판에
붉은 꽃잎 뽐내며
가장 빛니는 겨울의
주인공이 된다

『시험 시간』 임세영 곡정초 4학년

시험신가
놀이공원에 온 것만 같아요.
심장이 두근두근
쿵쾅쿵쾅

시험 시간
롤러코스터 탄 것만 같습니다
틀리면 어쩌지
마음이 자꾸 초조합니다

시험 시간
바이킹에 탄 거만 같아
이 답이 맞을까
마음이 오락가락합니다

시험 시간
놀이기구 끝난 것 같아요
모두다 동그라미
마음이 뿌듯합니다

3. 종합적 평가

 『축제』는 제목 그대로 삶 전체를 하나의 잔치로 승화시킨 시집입니다. 고뇌와 환희, 자연과 시간의 흐름, 가족과 민족, 그리고 다음 세대에 이르기까지—이 시집은 삶의 총체를 시로 껴안아 노래하고 있습니다.

물론 일부 작품에서는 지나치게 직설적인 표현이나 다소 산문적인 구성이 발견되기도 합니다. 그러나 그것 또한 시인의 솔직성과 진정성에서 비롯된 것으로, 시어의 절제와 함축을 강화한다면 향후 더 깊은 세계로 확장될 가능성이 큽니다.

4. 격려와 당부

이순재 시인의 제2시집 『축제』는 이미 성실과 정진의 결실로 충분히 높이 평가될 만합니다. 그러나 문학은 늘 미완의 예술이자 끝없는 길입니다. 그리고 상징의 심화를 통해, 독자에게 오래 남는 울림을 심어주시기를 기대합니다. 또한 손녀 세영의 시가 함께 수록된 이번 시집이 보여주듯, 시인이 세대를 잇는 문학의 계승자로서 자리매김한다면, 그 문학적 의미는 더욱 깊고 넓어질 것입니다.

끝으로, 이 제2시집의 출간이 단지 한 권의 시집에 그치지 않고, 앞으로 이어질 더 큰 문학적 여정의 발판이 되기를 진심으로 기원한다. 시인은 이미 축제의 무대를 마련했으니, 이제 그 무대에서 더욱 장엄한 노래를 울려 퍼뜨리길 바란다.

시가흐르는서울 대표 **김기진** 시인

이순재 제2시집
축 제

인쇄 2025년 08월 20일
발행 2025년 08월 25일

지은이 이순재
발행인 김기진
편집인 김기진 권영선
펴낸곳 문예출판
등록번호 제 2014-000020호

경기도 부천시 원미구 소사로327번길 44
      Mobile::010-4870-9870
      전자우편 : 1947kjk@naver.com
ISBN 979-11-88725-46-5
값 10,000원

잘못된 책은 구입하신 서점에서 바꾸어 드립니다.
인지는 생략합니다.